LES MÉTAMORPHOSES EXTRAVAGANTES,

COMÉDIE NOUVELLE EN UN ACTE.

par un Anonyme.

[Carmontelle]

A LA HAYE.

Chez JEAN NEAULME, Libraire.

M. D. C. C. XLVIII.

Et se vend à BRUXELLES,

Chez P. J. LEMMENS, Imprimeur & Libraire, ruë de l'Evêque vis-à-vis la Pompe.

ACTEURS.

MERCURE.

LA SAGESSE.

LA ME'DISANTE en homme.

LE SAVANT en femme.

LA COQUETTE en homme.

LE CHEVALIER, Amant d'Emilie en femme.

EMILIE.

PASQUIN, Valet du Chevalier en femme.

La Scéne est dans le Temple de Mercure.

LES MÉTAMORPHOSES EXTRAVAGANTES.

COMÉDIE.

SCENE PREMIERE.

MERCURE, LA SAGESSE.

MERCURE.

JE trouve donc enfin la Sageſſe. J'ai parcourû toute la terre ſans rencontrer perſonne qui pût ſeulement me dire de vos nouvelles. J'avois pris mon parti, je m'en retournois.

LA SAGESSE.

J'ai ſçu que vous me cherchiez & ne doutant pas que vous ne fuſſiez chargé de quelques ordres de Jupiter pour moi, je me ſuis rendu promptément ici afin de les recevoir & de les exécuter.

A 2

MERCURE.

Vous avez bien deviné, je vous apporte de l'occupation. Vous savez le dernier message que je fis ici bas & les ordres que j'apportai à la folie, de changer les hommes en femmes, & les femmes en hommes; c'est à dire ceux qui le desiroient.

LA SAGESSE.

Oüi, je sai cela, & je vous avoüerai même que sans vouloir trouver à redire aux volontez de Jupiter, j'en fus très-étonnée & je le suis encore. J'ai fait depuis ce tems, tous mes efforts pour découvrir les raisons qui peuvent l'avoir porté à ordonner cette Métamorphose, & je n'ai pû y parvenir. Je crois que vous pouvez m'éclaircir la dessus.

MERCURE.

Oüi, & je le dois même. Je ne suis point surpris que vous trouviez cette idée singuliere. Ce n'est que par bonté pour les mortels que Jupiter a permis cette Métamorphose. Plusieurs d'entreeux & sur-tout beaucoup de femmes, souhaitoient depuis long-tems d'être ce qu'ils n'étoient pas, & c'est pour rendre chaqu'ùn content de son sort que Jupiter s'est prêté à leurs désirs déraisonnables; mais las à la fin de la quantité d'impertinences commises tous les jours par ceux qui ont desirez d'être & ont étez ainsi transformez, il m'envoïe aujourd'hui vous charger de leur rendre à tous leur premiere forme. Cet emploi ne peut que vous plaire; c'est l'ouvrage, c'est le devoir de la Sagesse, de corriger les abus causez par les caprices de la folie.

LA SAGESSE.

Ce devoir seroit un plaisir pour moi sans doute, si je pouvois aussi rendre les hommes raisonnables:

EXTRAVAGANTES, COMEDIE. 5

mais les impreſſions qu'ils ont reçus de la folie,
avec le peu de penchant qu'ils ont à ſe conduire par
mes principes, me fait craindre de ne pouvoir y
réüſſir, cette Métamorphoſe ſur-tout étant un
nouvel obſtacle; puiſque leurs idées, vont être
tellement troublées qu'il leur ſera abſolument im-
poſſible de ſe ſouvenir de moi.

MERCURE.

Vous avez tort de vous allarmer ; rétablis dans
leur premier état, ils conſerveront leurs premiers
ſentimens, ils n'en n'ont pas changez ; & actuellement leur cœur, leurs inclinations leurs goûts,
leurs eſprits leurs idées, leurs jugements, ſont les
mêmes qu'ils étoient avant leur changement.

LA SAGESSE.

J'entends, ils n'ont point perdus leurs paſſions,
ils ſe ſont imaginez pouvoir les ſatisfaire plus aiſément ſous une autre forme & dans une autre
condition; enfin ils n'ont jamais deſirez, de changer de deſirs, ils ont ſeulement outrez leurs ridicules & chaque mortels a voulû être déplacé.

MERCURE.

Ils ne le ſont pas tant que vous le croïez Déeſſe.

LA SAGESSE.

Si vous me prouviez cela bien clairement vous
me ſurprendriez fort.

MERCURE.

Par exemple que croïez vous qu'eſt devenu un
jeune Sénateur en changeant de ſexe & en ſuivant
ſon penchant? Une femme qui paſſe ſa vie devant
ſa toillette, à ſe mirer, à retoucher ſa coifure, &
à changer une mouche de place; voila ſa grande
occupation. Un Abbé, eſt devenu une femme à
vapeurs, de la plus petite ſanté du monde, qui

toute la journée a la migraine & ne reçoit ses vi-
sites que sur sa chaise longue ou sur son canapé.

LA SAGESSE.

A la vérité je ne trouve pas de changement dans
leur conduite, il me paroît même qu'ils sont
mieux en leur place. Puisque vous me dites ce
qu'est devenu un Abbé, expliquez moi aussi par
quel motif une femme a pu souhaiter de devenir
Abbé ?

MERCURE.

Oh, ceci est un problême. Plusieurs le sont devenües par diférentes raisons. Toutes les femmes
ont ordinairement, à les entendre, beaucoup de
courage : Etant devenües hommes, une grande
partie s'en fut à la Guerre, où elles se promettoient
de faire des prodiges de valeur ; mais aussi-tôt que
le Canon se fit entendre la tête leur tourna, elles
prirent la poste & s'en revinrent très-vîte. Alors,
voulant couvrir leur honte, elles se sont faites
Abbez, afin d'avoir un tître pour s'introduire dé-
cemment dans les meilleures Compagnies.

LA SAGESSE.

Il est vrai que tout le courage d'une femme
s'évanoüit à la vüe du péril, aussi ne sont elles pas
faites pour l'éprouver, & si il n'y avoit qu'elles à
qui ont put faire ce reproche, beaucoup d'hommes
qui agissent commes ces femmes, seroient moins
dignes de blâme & en auroient plus de gloire.

MERCURE *riant.*

Fort bien, pour excuser vôtre sexe, vous dites
du mal du nôtre. Les femmes qui se font encore
faites Abbez, sont les prudes, qui aiment le mi-
stere & qui croient que le Manteau qu'elles ont
autre fois bien reçües les mettra toûjours à couvert
de la médisance ; mais celles-la ne savent pas que

les Abbés d'apréſent ſont auſſi indiſcrets que les petits maîtres du Siécle paſſé.

LA SAGESSE.

Et pourquoi pas ceux du Siécle préſent ?

MERCURE.

Parceque la mode eſt changée. Ce n'eſt plus le bon air. Les petits Maîtres actuellement, ne parlent de leurs conquêtes, que pour les mepriſer, & ſi ils ſe vantent ce n'eſt que de leurs mauvais procedez avec les femmes dont ils ſont aimez.

LA SAGESSE.

Ce n'eſt ſurement pas par un excès de ſageſſe. Qui peut donc les porter à agir de la ſorte?

MERCURE.

Au contraire! c'eſt par débauche, pour ſe donner un mauvais air dont ils devroient rougir & qui fait toute leur vanité.

LA SAGESSE.

Quels ridicules! & ces gros Financiers, ſi avares avec ceux qui leur ſont utiles & ſi prodigues avec ceux qui les ruinent, que ſont ils devenus?

MERCURE.

Des femmes qui païent bien leurs amans & qui pour cela n'en ſont pas plus contentes.

LA SAGESSE.

C'eſt-à dire qu'ils ſont toûjours faits pour être dupés. Je vous aſſure qu'il ne me paroit point du tout convenable que Jupiter me charge d'exécuter l'ordre que vous m'apportez. Imaginez un peu combien de reproches & de folies il faudra que j'entende. Cela n'eſt ni de mon gout ni de mon état.

MERCURE.

N'êtes vous pas accoutumez à en voir & à en

entendre tous les jours, & ne sauriez vous vous amuser quelques fois des ridicules des mortels ?

LA SAGESSE.

Non, je me regarde comme leur Mere, & je rougis de voir qu'ils me méconnoissent & qu'ils me dèshonorent tous les jours par leur conduite.

MERCURE.

Ce n'est pas assez d'en rougir, il faut les corriger.

LA SAGESSE.

Il ne m'est pas possible ! écoutent-ils mes leçons ? & n'est-ce pas inutilement que je l'ai essaïé tant de fois ! la Sagesse & la raison les éffraïent, ils disparoissent dès qu'ils nous apperçoivent. Il me vient une idée Seigneur Mercure, si vous vouliez vous charger d'exécuter vous-même , l'ordre de Jupiter, je crois que vous vous amuseriez, vôtre caractére me le fait penser & vous me rendriez en même tems un important service.

MERCURE.

Vous vous mocquez de moi, jamais Mercure n'a fait le Rôle de la Sagesse.

LA SAGESSE.

Eh bien ce sera une nouveauté qui attirera les mortels & mes leçons dans vôtre bouche auront surement des attraits pour eux : Vous avez le talent de séduire quand vous le voulez.

MERCURE.

Oüi, mais c'est avec un langage tout opposé à celui que vous me prescrivez. Allons n'importe, j'accepte la commission, je vais essaïer. Je ne vous réponds pas de réüssir à leur faire gouter vos principes.

LA SAGESSE.

Je compte beaucoup sur vôtre éloquence.

MERCURE.

MERCURE.

Revenez dans peu afin que si l'emploi me réüssit mal, je puisse vous remettre & achever mon message.

LA SAGESSE.

Je ne tarderai pas à venir vous féliciter sur les progrès que vous aurez fait.

SCENE II.

MERCURE, LA ME'DISANTE
en homme en habit noir avec une Peruque à nœuds & une Canne.

LA ME'DISANTE *regardant sortir La Sagesse.*

Quoi, j'interomps un tête à tête! oh, je suis dans mon tort. Cette femme là n'est pas crüelle & le Seigneur Mercure pour un connoisseur, ne choisi pas nos meilleures fortunes en voulant s'amuser dans ces lieux.

MERCURE.

Vous la connoissez donc?

LA ME'DISANTE.

Parbleu, si je la connois? Je sai mille avantures sur son compte dont je vous régalerai quand ils vous plaira.

MERCURE.

Mille avantures! sur le compte de la Sagesse?

LA ME'DISANTE.

Comment de la Sagesse?

B

MERCURE.

Oüi, c'eſt elle même. Je vois bien que vous ne la connoiſſez pas.

LA ME'DISANTE.

Ma foi je l'ai priſe pour une autre. Venons à ce qui m'amène. J'ai ſçu que vous étiez ici bas Seigneur Mercure & je viens remercier Jupiter & vous, du bien dont je joüis.

MERCURE.

Qu'étiez vous autre-fois & qu'êtes vous à préſent ?

LA ME'DISANTE.

Mon grand plaiſir a toûjours été celui de parler & de médire.

MERCURE.

En ce cas là vous auriez dû reſter femme.

LA MEDISANTE.

Non, j'aime bien mieux être homme : on écoute peu une femme qui médit, on croit que c'eſt par jalouſie, qu'elle n'en a point de ſujet, qu'elle ment, ou n'en fait point de cas, & moi je veux dire du mal avec autorité, être écouté & pour cela je me ſuis fait Avocât.

MERCURE.

Il eſt vrai que vous ne pouviez choiſir un meilleur état pour exercer vôtre langue.

LA-ME'DISANTE.

Auſſi je le remplis bien. On ne dort point à mes audiences. Ma ſatire a un ſel qui réveille l'eſprit des auditeurs. J'augmente les faits, je tourne les gens en ridicule, je leur cherche des défauts, j'imagine des avantures plaiſantes ſur leur compte qui divertiſſent l'auditoire & tout Paris vient m'entendre avec plaiſir.

MERCURE.

Et par ce moien-là, gagnez vous vôtre cause?

LA ME'DISANTE.

Non.... pas.... toûjours; mais ce n'est pas ma faute.

MERCURE.

C'est donc à tort que vous vous en servez.

LA ME'DISANTE.

Non; car où est l'art de gagner une bonne cause? L'éloquence seule de l'Avocât doit la rendre telle, il faut qu'il éblouïsse.

MERCURE.

Oüi, afin que l'on n'y voïe goute. La vérité doit toûjours être simple & claire pour que la justice la démêle.

LA ME'DISANTE.

Oh, si je suivois ce principe, je ne pourrois jamais me charger d'une mauvaise cause & je n'aurois ni la gloire de la gagner, ni le plaisir de satisfaire mon inclination quand elle seroit perdüe, en disant du mal de mes Juges & de mes Confreres.

MERCURE *ironiquement.*

Oh vous avez bien raison, & je ne prevoïois pas celà.

LA ME'DISANTE.

Dans la conversation, je fais les délices de ceux qui m'écoutent : ma satire s'empare d'eux sans qu'ils s'en apperçoivent. Ce n'est pas tout. J'oubliois de vous dire que j'ai aussi le plaisir d'écrire, que ceux qui ne m'ont pas entendû plaider, me lisent avec avidité; de sorte que je porte par-tout les traits les plus vifs & les plus picquant. Jugez après cela, fi cet état pour moi, n'eſt pas préfera-ble à celui d'une femme qui n'a jamais que de petites miféres à conter & quelques intrigues à révéler.

MERCURE.

Il n'y a pas de comparaiſon ! & effectivement vous devez être bien contente de vôtre fort. Di-tes-moi, n'avez vous pas été recompenſé de vos talens, quelques fois d'une certaine façon ?

LA ME'DISANTE.

Il eſt vrai qu'il y a quelques gens qui n'en ont pas étés tout-à-fait contents ; mais je m'en ſuis vangé & je le fais encore tous les jours, en diſant d'eux tout le mal que je peux imaginer.

MERCURE.

Vous avez bien fait de vous hâter; demain vous ne pourriez plus le faire avec le même avantage : Jupiter eſt outré de voir l'excès où vous vous étes laiſſé entrainer & vous allez redevenir femme.

LA ME'DISANTE.

Bon ! cela ne ſe peut pas & le Seigneur Mercure veut ſe divertir à mes dépens.

MERCURE.

Les menteurs ſont difficiles à perſuader &....

LA ME'DISANTE.

Jupiter n'eſt pas raiſonnable !

MERCURE.

N'allez vous pas auſſi me dire de Jupiter ?

LA ME'DISANTE.

Aſſurement, tous les plaiſirs avec lui ſont des crimes.

MERCURE.

Il a tort en effet, de n'avoir pas fait pour vous plaire une vertu de la médiſance.

LA ME'DISANTE.

Ah, que je vas bien regretter de ne plus être homme, pour pouvoir me joindre à ceux qui disent du mal de lui tous les jours & briller dans leurs assemblées! Adieu.

MERCURE.

Voila les hommes : dès que l'on désaprouve leurs désirs ou leurs actions, ils vous trouvent ridicules & ils ne pensent pas l'être : pour leur plaire, il faut avoir les mêmes inclinations , d'autres défauts sont l'objet de leur satire & s'ils ne vous en trouvent point, ils s'attaquent à la vertu même.

SCENE III.

MERCURE, LE SAVANT en *femme.*

MERCURE.

AH, voici apparemment un homme Métamorphosé. Nous allons être instruit du sujet de sa rêverie en l'interompant. Puis-je savoir ce qui vous amène en ces lieux ?

LE SAVANT.

Ah, Seigneur Mercure, je vous démande pardon , je ne vous voiois pas, une distraction Philosophique m'en empêchoit. Quand au sujet qui m'amène, le voici; c'est le désir que j'ai que vous me rendiez une femme superieure à toutes les autres, en ....

MERCURE.

Volontiers, suivez les principes de la Sagesse,

vous serez au-deſſus de tout, & vous n'au.ez plus rien a déſirer.

LE SAVANT.

C'eſt ce que vous me permettrez de vous nier ; car avec toute la Sageſſe poſſible, quoique je tienne le premier rang parmi les femmes Savantes, je ne ceſſerois point pour celà de déſirer de ſavoir encore d'avantage.

MERCURE.

Eh bien, étudiez ; qui vous en empêche ?

LE SAVANT.

Le peu de fruit qu'on en peut tirer en ſe donnant bien de la peine, & ſi j'ai pourtant moins lieu de me plaindre qu'une autre. Je vous prie donc de m'éclairer ſur pluſieurs recherches qui par leur découverte m'éleveroient au-deſſus de l'humanité.

MERCURE.

Ce n'eſt donc que par orgueil que vous voulez être Savante ? Méritez ce nom par vos ſoins, cherchez, découvrez & démontrez. Si je vous en diſois plus, vous oublierez bien-tôt que ce ſeroit à moi que vous en auriez l'obligation & vous mépriſeriez tous ceux qui n'auroient pas eu le même avantage que vous. Je connois l'eſprit des Savants, ils veulent s'attirer l'admiration des hommes & ils s'inquiettent peu de plaire aux Dieux.

LE SAVANT.

Vous êtes bien prévenû contre nous.

MERCURE.

Point du tout. Je ſai ſeulement ce que ſont les hommes ; mais lors qu'on dévoile leur cœur ils crient toûjours à l'injuſtice.

LE SAVANT.

Je vois bien Seigneur Mercure, que je n'ai plus

déſpoir après de vous & qu'il faudra que je reſte
où j'en ſuis.

MERCURE.

Si vous le pouvez, je vous le conſeille.

LE SAVANT.

Je ſuis aſſez conſiderée.

MERCURE.

Si vous ne l'êtes pas du moins vous croïez
l'être, celà pour vous revient au même : cependant pourquoi êtes vous femme? Croiriez vous
moins valoir ſi vous êtiez reſté homme ?

LE SAVANT.

Sans contredit. Comptez vous pour rien la
gloire d'être une femme Savante?

MERCURE.

Non vraiment, ſi vous l'êtiez véritablement.

LE SAVANT.

Avant la Métamorphoſe, j'avois eu bien de la
peine pour me démêler de la foule & auſſi m'en
ſuis-je tiré adroitement. J'avois fait dans la Phi-
ſique & dans l'aſtronomie des découvertes tres cu-
rieuſes & tres-utiles ſans être pour celà plus diſtin-
gué. Les gens à qui je les communiquai les rejet-
terent comme abſurdes, quoi qu'elles fuſſent bien
démontrées & quelques mois après, ils les donne-
rent au public comme de leur propre genie, les
aïant retouchées & augmenteés pour les déguiſer.
Celà me fit ſentir qu'il étoit peu utile d'être extrê-
mement Savant ſi l'on n'étoit répandu dans un cer-
tain monde & à portée de ſe faire valoir. Je laiſſai
donc là toutes les ſciences & je ne me donnai plus
que les ſoins néceſſaires pour acquerir ſeulement
le nom de Savant.

MERCURE.

Et comment acquites vous le nom de Savant en négligeant les sciences?

LE SAVANT.

Pour me produire dans le monde, je commençai par faire des petites Chansons, des Epigrâmes, des contes de Fées crû allégoriques, j'écrivis des lettres badines & je m'attachaí à des femmes qui avoient autour d'elles ces Savants à qui je m'étois confié d'abord & j'eus grand soin sur-tout, de ne point montrer ce que je savois.

MERCURE.

Pourquoi donc?

LE SAVANT.

Parceque je voulois faire ma cour à mes rivaux qui sans celà auroient empêchez qu'on ne me reçût dans ces sociétez.

MERCURE *ironiquement.*

Ainsi vous débutiez fort bien.

LE SAVANT.

Au lieu donc de me découvrir, je me rendis complaisant, admirateur, & je feignis d'apprendre d'eux les choses les plus simples, & par ce moïen peu-à-peu je pris de telle sorte dans ces sociétez où l'on croïoît m'avoir formé, que les femmes de qui je voulois tenir toute ma réputation, me soutinrent bien-tôt un des plus grands genies & des plus capable de faire de nouvelles productions; si bien que par leur inconstance je parvins à me faire admirer à un tel point, que toutes les femmes voulurent m'avoir & me rendirent le Savant à la mode. Alors, je publiai tous mes sistêmes, qui sans être examinez, furent si approuvez & si admirez, que l'on se donnoît un ridicule affreux en voulant les contrarier.

MERCURE.

MERCURE.

Vôtre orgueil devoit être bien satisfait. N'étiez vous pas au point que vous désiriez ?

LE SAVANT.

Oüi, mais la Métamorphose me fit désirer encore davantage. Je souhaitai de devenir femme pour être un phénomêne surprenant & je profitai de la facilité que Jupiter voulût bien nous donner pour cela.

MERCURE.

Vous n'aviez pas le sens commun ; puisque tous ces Savants aïant eus la même facilité, il pourroit y avoir à présent beaucoup de femmes Savantes, ou se croïant telles.

LE SAVANT.

J'y ai peu gagné je l'avoüe, mais ce qui me console ; c'est que je n'ai point cessé de donner le ton parmi les femmes & qu'elles me considerent ; c'est-à-dire celles qui prétendent au nom de Savantes, car les autres piquées de me voir si superieure à elles me déchirent & médisent de moi toute la journée.

MERCURE.

Elles devroient plû-tôt s'en moquer. Ce sexe auroit rendu la science aimable, pour lui plaire on auroit étudié & vous vous êtes mêlé là fort mal à propos. Mais que vous importe que l'on dise du mal de vous ?

LE SAVANT.

Comment que m'importe ? une femme Savante veut être respectée & à l'abri des sciences faire tout ce qui lui plaît sans qu'on ôse s'aviser d'y trouver à redire. Il est pourtant vrai que je devrois m'en soucier peu, les méprisant comme je fais.

C

MERCURE.

C'eſt ce que je crois aiſément. L'orgueil des Savants dans une femme, doit être porté à ſon plus haut degré. Vous abuſé du peu de talens que vous avez. Le vrai Savant eſt trop récompenſé par le plaiſir pur qu'il goûte à meſure qu'il travaille pour qu'il doive trop s'occuper du nom & de la réputation que le public lui donne : être à la mode n'eſt bon que pour des ornemens, des pompons & autres bagatelles ſemblables qui n'ont qu'un tems & dont on rougît de ſe ſervir quand ce tems eſt paſſé : vous avez été à la mode, elle va changer pour vous : vous allez ceſſer d'être femme on ſe moquera de vous & vous n'aurez plus d'autres reſſources que dans la ſolitude. Alors attachez vous à mériter ce nom, que l'on vous a donné aux dépens des gens de mérite & vous ſentirez que ce ſera utilement que vous aurez travaillé.

LE SAVANT.

Quelle inconſtance, ô fortune! oüi la ſeule Philoſophie peut à préſent remplir tous mes déſirs & c'eſt d'elle que j'attends mon plus parfait bonheur.

MERCURE.

Prenez garde de prendre encore à gauche & que toute vôtre Philoſophie ne ſoit celle de bien des gens qui donnent ce nom à leur pareſſe & qui au lieu d'une fermeté acquiſe par l'étude & des réflexions ſages, paſſent leur vie dans une oiſiveté, une indolence & une indifference mépriſable. Vous êtes à préſent un peu loin du bût que vous vous étiez propoſé d'être un Phénomêne ſurprenant : cependant il ne faut point vous déſeſperer; en vous laiſſant conduire par la Sageſſe vous y arriverez plus ſurement que vous n'avez fait en ſuivant la folie.

SCENE IV.
MERCURE, LA COQUETTE
en homme.

MERCURE.

NOtre Savant n'eſt pas fort ſatisfait , & je ſerai bien trompé s'il ne perd le peu de ſens qui lui reſte.

LA COQUETTE.

On m'avoit bien dit Seigneur Mercure, que je vous trouverois ici. Je viens vous y faire ma cour & en même tems vous prier, de vouloir bien me dire s'il n'y a point abſolument de rémede à ma Métamorphoſe ?

MERCURE.

Et pourquoi donc ? ne l'aviez vous pas ſouhaité avec empreſſement ? quelle légéreté & quelle inconſtance vous fait à préſent changer de ſentiment ?

LA COQUETTE.

Ce n'eſt ni l'une ni l'autre, ce ſont les épreuves que j'ai faite ſous cette nouvelle forme-ci, comparées avec ma ſituation précédente.

MERCURE.

Pour ſavoir ſi vous avez raiſon, il faudroit que je ſçuſſe quels étoient les motifs qui vous ont portez à déſirer de changer de ſexe & quel peut-être vôtre caractere.

LA COQUETTE.

Mon caractere ?.... Eh mais.... C'eſt naturellement celui que toute les hommes ſupoſent indifféremment à toutes les femmes , la coquetterie.

Je vous l'avoüe fans rougir; parceque vous favez qu'à préfent on ne peut être aimaole fans être
un peu coquette, les hommes aïant befoin de toutes les perfidies que leur font les femmes pour ne
pas leur échaper.

MERCURE.

Vous étiez donc coquette par goût & par nécef-
fité? Cette fituation étoit affez amufante pour la
garder à ce qu'il me femble & je ne conçois pas
ce qui a pû vous faire défirer d'être homme.

LA COQUETTE.

C'étoit bien des chofes ! la premiere idée qui
me fit fouhaiter la Métamorphofe; c'eft le fenti-
ment commun à toutes les femmes ; l'attrait du
plaifirs & la liberté de le goûter fans que l'honneur
puiffe s'y oppofer; car le préjugé de l'honneur a
toûjours été pour nous une chimere bien incom-
mode & que nous aurions bien voulu détruire.

MERCURE.

Oh, vous y parviendrez; il y a tant de femmes
qui y travaillent depuis long-tems, que c'eft un
projet inmanquable. En attendant vous avez voulu joüir de tous les privileges que vous imaginez
que les hommes poffedent.

LA COQUETTE.

Oüi, & j'ai été bien trompé!

MERCURE.

Comment donc?

LA COQUETTE.

Quelle liberté que celle des hommes ! un homme eft il rëellement amoureux, il devient l'efclave
le plus fervile & le plus à plaindre; il quitte tous
les plaifirs pour fon amour, où il ne trouve fou-
vaut que des peines. Sa maîtreffe veut elle s'am-

fer, un coup d'œüil dé Dédain jetté fur lui le mêt au défefpoir, tout devient amertume dès ce moment & le plus noir chagrin eft le confident avec le quel il paffe fon tems; jufqu'à ce qu'il plaife à celle qu'il aime de l'en tirer par quelques minauderies affectées qui ne font fouvent que les reftes d'un air de tendreffe qui lui avoit été juspiré par un amant heureux : mais un caprice nouveau le replonge bien-tôt dans fa premiere fituation & l'efperance alors, mille fois plus cruelle que fon amour, l'empêche de rappeller fon courage pour fecoüer un joug fi dur & fi pefant. Eft-ce la être libre ?

MERCURE.

Non, auffi eft-ce un Roman que vous me détaillez là, & quand tout celà feroit vrai, les femmes ne foufrent telles par autant de leur côté à la moindre apparence d'infidélité de leur amant?

LA COQUETTE.

Non Seigneur, elles font naturellement diftraite par le défir de plaire à tous; le premier objet qui fe préfente, les vange, les confole & les amufe: mais j'ai éprouvé que les hommes peuvent & favent véritablement aimer, il eft vrai qu'il y en a peu à préfent & c'eft la raifon que je vous en ai donné qui en eft caufe : la peine excédant toûjours le plaifirs les femmes mal adroitement, les ont dégoûtez du véritable amour ; auffi l'ont ils prefque tous abbandonnez. Ils foutiennent, qu'ils en goûtent tous les plaifirs fans amertume; qu'ils ont toûjours la même vivacité; par ce qu'ils changent d'objet avant qu'ils puiffent en rien perdre, & que s'ils font moins délicieux que ceux d'un amour tendre & épuré, ils font auffi plus légers, l'enjoüement eft toûjours à leur fuitte & la barbare inquiétude avec eux demeure oifive.

MERCURE.

Vous aurez sans doute préféré ce dernier parti au premier, en suivant vôtre penchant?

LA COQUETTE.

J'ai essaïé le premier & je m'en suis bien-tôt dégoûté. Le second me sembloit devoir faire toute ma félicité & c'est où j'ai reconnû combien les hommes sont faux lors qu'ils se donnent pour gens noïez dans les plaisirs. Enfin une femme adroite est mille fois plus heureuse que l'homme qui paroît le plus fortuné : tout leur plaisir n'est souvent que celui de faire croire qu'ils en ont.

MERCURE.

De sorte que vous aimez mieux être Coquette que petit Maître ?

LA COQUETTE.

Sans contredit, une Coquette joüit, est préférée aux autres femmes, manque peu de conquêtes, ne s'en défait que quand elle en a de plus sures, qui flâtent d'avantage sa vanité ou lui font plus de plaisir. Par son adresse, elle étend son empire tous les jours aux dépens de tout son sexe, qui par sa jalousie la fait joüir de son triomphe en ne la peignant que par ses défauts. Au lieu qu'un petit Maître par son état est obligé de quitter une femme qu'il aime & dont il est aimé pour la fausse gloire de faire une perfidie, & celà souvent sans prévoir où il pourra s'attacher ; mais il cache cette derniere situation en feignant d'être au mieux avec d'autres femmes, qu'il n'aime point, qui le haïssent elles-mêmes & qui ne le soufrent auprès d'elles ; que parce qu'ils les a démêlez & qu'elles le craignent.

MERCURE.

C'est-à-dire qu'il quitte l'amour le plus tendre,

pour se jetter dans les bras de la haine la plus parfaite. Quel excès d'extravagance! avec toute vôtre coquetterie, vous ne saviez donc pas celà lorsque vous souhaittates de devenir homme?

LA COQUETTE.

Eh vraiment non! si l'on connoissoit bien ce que l'on désire, l'òn ne désireroit jamais rien. J'imaginois par-tout ce que j'avois entendu dire aux hommes que je serois courû de toutes les femmes, que le choix seroit mon seul embaras & que si par hazard quelqu'une se mettoit en tête de me résister je la soumettrois aisement, n'y aïant plus de honte dans toutes les démarches que je serois pour celà.

MERCURE.

Et vous n'avez point réüssi? Vous m'étonnez!

LA COQUETTE.

Bon, celles dont je me souciois le plus, avoient des amans dont elles étoient contentes ou par hazard de la vertu, & les autres ne se vouloient de moi que comme du premier venu; ma vanité étoit peu satisfaite & mes plaisirs n'égalloient point ceux que j'ai quitté & que je regrette à présent.

MERCURE.

Je le crois; mais pensez vous que la coquetterie soit permise, & ne pouvez vous plus vivre heureuse sans vous en servie?

LA COQUETTE.

Quoi Seigneur? ....

MERCURE.

La vraie félicité ne peut se trouver qu'au sein de la Sagesse. Tout l'esprit & les charmes que les femmes ont reçües des Dieux, ne leur ont été donnez que pour plaire aux hommes qui leur sont

deftinez ; l'ufage qu'elles en doivent faire eft d'em-
bellir la vertu, en rendant le devoir aimable &
les hommes vertueux.

LA COQUETTE.

Comment, nous ne ferions aimables que pour
nos maris ?

MERCURE.

Affurément, que trouvez vous donc de ridicule
à cette loi ?

LA COQUETTE.

Mais tout. J'aimerois mieux cent fois refter fille toute ma vie ! Je ne me fuis marié moi, que pour
avoir ma liberté & ne la trouvant point affez grande, je me fuis fait féparer ; c'eft un ufage établi
que vous voudriez réformer envain. Les maris
ne méritent pas vos foins Seigneur Mercure ; les
amans feront toûjours plus reconnoiffants.

MERCURE.

La reconnoiffance ou l'ingratitude des mortels,
m'interreffe peu. Je ne fuis ici que pour exécuter
les ordres de Jupiter : il a fatisfait vos défirs en vous
permettant de changer de fexe, il veut bien encore
que vous repreniez vôtre premier état ; mais il veut
en même tems, que la Sageffe feule régle doréna-
vant vos défirs & que vous ne goûtiez d'autres
plaifirs que ceux que le devoir vous prefcrira.

LA COQUETTE.

Quoi, vous voulez que nous foïons vertueufes
pendant que nos maris continuerons de nous être
infidels ? en vérité Seigneur je ne vous reconnois
plus.

MERCURE.

Il ne leur fera pas plus permis de l'être qu'à
vous, ils feront punis également : l'amour, les
graces,

graces, tous les plaisirs les fuiront; l'ennui seul s'emparera d'eux & de vous.

LA COQUETTE.

Oüi si nous vivons ensemble comme Jupiter l'ordonne. la moindre petite perfidie ne nous sera donc plus permise ! C'est pourtant l'ame de la societé & le ressort des plaisirs. Ah, qu'elle vie languissante allons nous mener ! Adieu Seigneur Mercure, je comptois bien plus sur vos bontez.

SCENE V.

MERCURE, LE CHEVALIER
en femme.

LE CHEVALIER *avec empressement.*

AH Seigneur !....

MERCURE.

Eh bien qu'avez-vous, parlez, quel sujet vous agite ?

LE CHEVALIER.

C'est que je viens d'apprendre Seigneur Mercure, que vous étiez ici bas pour réformer nôtre Métamorphose, & je voudrois bien savoir de vous même s'il est vrai ?

MERCURE.

Et qui vous porte à vous en informer avec tant d'empressement, en seriez vous fâché.

LE CHEVALIER.

Au contraire! je le désire ardemment. Je n'ai jamais souhaité la Métamorphose que bien legérement.

D

MERCURE.

Et dans quelle occasion encore, à propos de quoi?

LE CHEVALIER.

C'étoit pour me vanger.

MERCURE.

Pour vous vanger! Et de qui?

LE CHEVALIER.

De la plus aimable personne du monde, que j'adorois, & qui me traitoit avec toute la rigueur imaginable. Je voulois lui faire sentir combien elle me faisoit soufrir en la mettant à ma place, & en prenant la sienne.

MERCURE.

Elle est donc devenuë homme? Eh bien, vous êtes vous bien vangé?

LE CHEVALIER.

Hélas, non! il m'a été impossible de lui résister; quoique je sois femme, elle me donne toûjours la loi, je n'ai point cessé d'être son amant. Je ne comprend pas comment une femme qui aime véritablement un homme peut le lui cacher vingt-quatre heures sur tout, si celui qù'elle aime lui montre beaucoup d'amour, la presse de le païer de retour & de le lui déclarer. En vérité il faut que les femmes qui y résistent soient bien fortes, aussi je ne suis point étonné qu'il y en ait plusieurs qui se rendent en peu de tems.

MERCURE.

Il est vrai que le cas où vous êtes est des plus singuliers; cependant si vous êtes sûr que vôtre maîtresse vous aime, vous devez la respecter & l'aimer encoré d'avantage; puisque vous sentez par vous-même toute la violence qu'il faut qu'elle se soit faite pour vous résister.

LE CHEVALIER.

Oüi fans doute ; mais c'eft cette même violence fi dificile à fe faire qui me défefpere ! Elle me fait craindre qu'elle ne m'aïe jamais aimé. Je me rappelle envain tout ce que j'ai crû appercevoir jufqu'à préfent à mon avantage ; mon amour pro-pre rien ne me raffure la deffus. Enfin fi vous faviez tous les mouvements qu'une femme reffent dans fon amé, aux difcours empreffez des hom-mes même qu'elle n'aime pas & qui toute la jour-née l'affiégent & lui difeut qu'ils l'adorent, vous n'imagineriez pas tous les efforts qu'ils m'a fallû faire pour ne point me rendre. Voilà pourtant ce qui m'arrive tous les jours, auffi celà me met à la torture.

MERCURE.

Il y auroit un bon moïen pour adoucir vos peines.

LE CHEVALIER.

Et qui feroit ?

MERCURE.

De fuccomber à la tentation, je le crois même affez amufant.

LE CHEVALIER.

Il n'eft pas nouveau, & en m'en fervant je me perdrois Parmi ces hommes qui s'empreffent au-tour de moi, beaucoup ont été femmes, je ne leur accorderois pas la moindre faveur qu'elle feroit auffi-tôt publiée, pour fe vanger du peu de difcretion des hommes qu'elles ont favorifées, au-tre fois & pour faire voir que nous ne fommes pas plus forts qu'elles n'étoient, & celà parvien-droit promptement jufqu'à Emilie.

MERCURE.

Ainfi s'il y à quelques femmes qui réfiftent à

la tentation; c'eſt que l'indiſcretion qu'elles apré-
hendent de trouver dans les hommes qu'elles fa-
voriſeroient, leur tient lieu de vertu. Mais vous
vous feriez vangé des rigueurs de vôtre inhumaine
& pour moi, je ne vois rien de plus doux que
cette vangeance.

LE CHEVALIER.

Oüi je me ferois vangé; mais il en couteroit
cher à mon cœur ! Vous ne ſavez pas à quelle condition je dois être heureux. Nos parens étoient
d'accords & rien n'alloit bien-tôt plus manquer à
mon bonheur lors que la Métamorphoſe arriva.
Emilie qui ſuivoit juſqu'à ce moment la volonté
de ſes parens, ſans montrer ni joïe ni répugnance
conçût tout d'un coup le deſſein de m'éprouver
ſous cette nouvelle forme & malgré tout ce qu'on
put faire pour l'en détourner, elle ne voulut jamais promettre de ſe donner à moi qu'autant que
je lui ferois fidelle étant femme. Elle devint
homme & pluſieurs de ſes amies l'étant auſſi devenües elle les a attaché autour de moi ſi forte-
ment que je ſuis à chaque moment prêt a ſuc-
comber.

MERCURE.

Il eſt vrai qu'il faut avoir une vertu bien à l'é-
preuve pour ſoutenir de pareils aſſauts. Les hommes ordinairement ne font pas accoutumez à fuïr
les occaſions, au contraire ils en profitent autant
qu'ils leur eſt poſſible, ſans qu'ils imaginent tra-
hir leurs fermens & faire la moindre infidélité.

LE CHEVALIER.

Vous voïez bien Seigneur Mercure, que vous
feriez venu bien à propos pour me tirer d'embaras
& me conſerver fidel à Emilie; ſi vous nous rendiez actuellement nôtre premiere forme : autre-
ment, je ne réponds plus de moi & pourtant, ſi

je faifois quelque faute j'en mourrois auffi-tôt de défefpoir.

MERCURE.

Et qui vous répondra de la fidélité de vôtre maîtreffe dans l'état où elle eft?

LE CHEVALIER.

Tout! fa vertu, fa fageffe. Ah fi vous la connoiffiez.... Mais quoi Seigneur?.... Croïez vous qu'après m'avoir autant réfifté elle pourroit....

MERCURE.

Non, non; ne craignez rien. Je voulois me divertir, & vous aimez de trop bonne foi pour que je le faffe aux dépens de vôtre tendreffe. Je fuis accoutumé à fervir l'amour & non pas à le detruire. On vous a dit vrai, vous aller redevenir homme & de plus vous ferez heureux.

LE CHEVALIER.

Ah, je refpire! je vais chercher Emilie & lui annoncer cette heureufe nouvelle.

MERCURE.

Si vous voulez l'attendre ici, vous l'y verrez, elle doit y venir. Vous entretiendrez en attendant ceux qui viendront pour me voir, pendant que je vais exécuter quelques ordres que Jupiter m'a donné.

LE CHEVALIER.

Allez, allez; cependant fi elle tarde trop, je doute fort que vous me retrouviez.

SCENE VI.

LE CHEVALIER *en femme. seul.*

J'Avois grand befoin que tout ceci finit pour ne point faire d'infidélité à Emilie.... *Rêvant.* Si lorfque je m'occupe à ne lui point manquer...qui fait... fi elle... Mercure m'a fait naître des foup-çons que jufqu'à préfent je n'avois point encore eu & qui malgré toute ma confiance en elle ne laiffent pas de m'inquietter.... Ah, pardonnez adorable Emilie l'outrage que je fais à vôtre vertu ; fi je vous aimois moins je ferois furement plus tranqui-le & j'aurois moins de délicateffe.

SCENE VII.

LE CHEVALIER *en femme,* PAS-QUIN *en femme avec un mantelet bleu.*

LE CHEVALIER.

J'Entends quelqu'un ; feroit-ce elle? Mais non... que vois-je ! oüi.... je ne me trompe point, je crois que c'eft Pafquin?

PASQUIN.

Mademoifelle, Mademoifelle Pafquin s'il vous plaît.

LE CHEVALIER.

Dis-moi donc ce que tu eft devenue depuis la Métamorphofe? Je t'ai fait chercher par-tout ; tu aurois dû venir me trouver ; je t'aurois faite ma femme de Chambre & tu aurois vecuë avec moi aussi-bien que lorsque nous étions hommes.

PASQUIN.

Vôtre femme de Chambre ! une fille comme moi ! c'est bien pour celà vraiment que j'ai changé de sexe. En vérité vous vous moquez, non Mademoiselle, j'en ai deux femmes de Chambre moi qui vous parle, & un Equipage de plus, quand vous voudrez je vous le prêterai.

LE CHEVALIER.

Comment un Equipage ! toi ?

PASQUIN.

Oüi, vous dis-je. Je suis à présent dans les grandes avantures : depuis quelques jours, je suis à l'Opera.

LE CHEVALIER.

Bon, à l'Opera !

PASQUIN.

Oüi, à l'Opera. Ne voïez vous pas l'uniforme ?

LE CHEVALIER.

Et quels sont tes talens, tu n'as point de voix ?

PASQUIN.

Non, ni ne m'en soucie. Je suis danseuse, c'est le talent préféré aujourd'hui.

LE CHEVALIER.

Et, danses-tu bien ?

PASQUIN.

Non, assez médiocrement ; je ne m'y applique pas même. Ce n'est que pour me produire dans le monde que j'ai pris ce parti là.

LE CHEVALIER.

Comment as-tu fait pour celà ?

PASQUIN.

Après la Métamorphose, dont j'ai profité autant qu'il m'a été possible, j'ai voulu me faire un
état, j'ai postulé pour danser en montrant mes
talens aux directeurs, qui les aïant éxaminez à
plusieurs reprises, m'ont enfin reçûe à danser dans
les Chœurs.

LE CHEVALIER.

A la bonne heure, je croïois que tu dansois
seule & j'étois fort étonné qu'on t'eut soufert.

PASQUIN.

Pourquoi donc ? On en soufre bien d'autres.
Encore une fois je vous dis que ce n'a jamais été
la mon ambition. Pour parvenir à me mettre à
la mode, car j'y étoit fort neuve, j'ai bien fait la
meilleure connoissance du monde.

LE CHEVALIER.

Et quelle encore?

PASQUIN.

Celle d'une de mes camarades, qui prend sous
sa protection toutes les nouvelles venues & qui
conseille fort bien, elle est très-bonne pour celà,
aussi je ne ferai rien sans son avis; je veux me
conduire sagement.

LE CHEVALIER.

Voilà un projet bien entendu : mais qui t'as
mise si à t'on aise; car tu as un air d'opulence?

PASQUIN.

Trouvez vous celà ? j'en suis ravi. c'est un
traitant & un homme de robe. D'abord qu'ils ont
sçus que j'entrois à l'Opera, ils m'ont fait à l'en-
vie mille présents : comme je ne pouvois refuser
ceux de l'un sans désobliger l'autre, je les ai reçus
tous

tous les deux. Avoüé que je ne fuis pas mal con-
feillée?

LE CHEVALIER.

Il faut que ces gens là aïent le diable au corps;
car tu n'eft point jolie du tout , au contraire.

PASQUIN.

Si vous n'étiez pas femme, je ne vous le paffe-
rois pas. Ce n'eft que la jaloufie qui vous fait
dire celà.

LE CHEVALIER.

Comment diantre peux-tu leur plaire? Tu n'as
point affez d'efprit , à moins que tu ne foit bien
changée.

PASQUIN.

Oh finiffez donc, je me fâcherai à la fin. J'ai
beaucoup plus d'efprit qu'il n'en faut pour les
amufer; je ne me fers pas même de tout le mien.
Je cours, je faute, je chante, je ris à tous propos,
je ne dis pas deux paroles de fuitte qui aïent le fens
commun, je ne ceffe point de faire des queftions
ridicules dont je n'écoute pas les réponfes; j'ai
mille fots petits caprices, qui font que l'on me
trouve une fille charmante, adorable. Et puis je
bois & je mange autant que lors que j'étois homme & vous favez comme je réüffiffois.

LE CHEVALIER.

Que trop bien ! Pour celà, voilà de grandes
dupes de s'amufer d'une figure comme toi.

PASQUIN.

Oh je vous réponds qu'ils le feront encore bien
d'avantage. Il y a un jeune gentilhomme gafçon,
qui eft fort de mes amis avec qui j'en ris fouvent
à leurs dépens.

E

LE CHEVALIER.

Cet homme la te ruineras.

PASQUIN.

Lui? oh que non. Il me fait tous les jours des préfens je le ruinerai plûtôt moi : il eft vrai que je lui prête quelques fois de l'argent ; mais il me le rendra ; & puis qu'eft-ce que celà me coute ?

LE CHEVALIER.

Et tu n'as point de confcience de tromper de fi bonnes gens ?

PASQUIN.

Moi ? non vraiment, d'abord que je puis les amufer tous deux également, il n'y a point de fcrupule à avoir, je fuis l'ufage, il n'y a rien à dire. A propos, où eft donc Mercure ? je fuis venuë ici pour lui parler.

LE CHEVALIER.

Que lui veux-tu ?

PASQUIN.

Je voulois lui demander fi la nouvelle que l'on débite eft vraie. C'eft une folie que je ne crois pas : on dit que nous allons tous reprendre nôtre premiere forme, qu'en penfez vous ?

LE CHEVALIER.

Tu as tort de ne le pas croire, rien n'eft fi vrai.

PASQUIN *pleurant & tombant dans un fauteüil.*

Ah Ciel ! Adieu mon Equipage ! mes Cheveaux ! mes Gens ! je fuis perdu !

LE CHEVALIER.

Moi je fuis bien-aife que tout ceci finiffe & fi tu penfois fagement, tu n'en ferois pas fâché non plus.

PASQUIN *pleurant.*

Que de plaifirs j'aurois encore goutez !

LE CHEVALIER.

Envifage un peu quel genre de vie tu avois choi-
fi ; quand le caprice des hommes auroit ceffé de
te favorifer, tu ferois devenuë miférable : qu'elle
reffource aurois-tu euë ?

PASQUIN *pleurant.*

Qu'elle reffource? En manque t'on à Paris? Je
me faifois des protections, pour pouvoir dans la
fuite donner à joüer fous le nom d'une Comteffe
de Province.

LE CHEVALIER.

Ne t'affliges pas. Tu ne perds rien. Tu vas
quitter une vie mal-heureufe pour devenir peut-être
honête homme.

PASQUIN *pleurant.*

Ah, je ne le crois pas ! Mais je perds ici mon
tems inutilement, les momens me font chers. Je
veux profiter de la Métamorphofe & faire un fond
aux dépens de mes amants pour d'orénavant pouvoir vivre dans la retraite, ou le fouvenir des plaifirs que j'ai gouté fera toute ma confolation. Cependant fi vous le voulez je ferai toûjours fort à
vôtre fervice & vous ferez encore auffi content de
moi que vous l'avez déjà été. Adieu Mademoifelle le Chevalier. Voulez-vous que je vous con-
duife quelque part ?

LE CHEVALIER.

Non en vérité, tu-es trop mauvaife compagnie
pour que je finiffe mon Rôle de femme, en me
faifaut voir en public avec toi.

PASQUIN.

Hola, mes gens ? Quelqu'un ? Où font donc

mes Laquais? Allons donc , faites avancer mon Caroffe. Adieu donc toutes les vanitez du monde !

LE CHEVALIER.

Emilie ne vient point & je brûle de la voir.

SCENE VIII.

MERCURE, LE CHEVALIER
en femme.

LE CHEVALIER.

JE fuis las d'attendre inutilement, je fors, adieu Seigneur Mercure.

MERCURE.

Demeurez encore un inftant.

LE CHEVALIER.

Je ne puis. Je me reproche tout le tems que j'ai refté ici à attendre jufqu'à préfent. Vous favez quelle eft l'inquietude des amans lorfqu'ils ne voient pas ce qu'ils aiment.

MERCURE.

Satisfaites vous donc. Vous ne ferez pas long-tems fans été obligé de revenir fur vos pas.

SCENE IX.

MERCURE, EMILIE, LE CHEVALIER *en femme.*

MERCURE.

TEnez, n'eſt-ce pas la Emilie, qui a déjà repriſe ſa premiere forme ?

EMILIE.

Ah Chevalier, je vous trouve fort à propos avec le Seigneur Mercure. Je crois que la démarche que je fais a un principe qui ne vous déplaira pas.

LE CHEVALIER.

Vous ſavez çombien je reſpecte vos volontez, jugez quelle ſeroit ma joïe ſi vous vouliez enfin me rendre heureux.

EMILIE.

Quand vous ſaurez l'objet de mes inquietudes, vous verrez ſi l'on peut-être plus ſenſible à vôtre amour que je le ſuis. A peine ai-je été remiſe par la Sageſſe dans mon premier étât, que la crainte que j'ai eu que vous ne repreniez pas auſſi le vôtre s'eſt emparée de moi & ne m'a laiſſé aucune tranquilité. Je vous ai cherché avec empreſſement dans tous les endroits où je recevois les témoignages de vôtre amour, mais vainement ; j'ai crû que pour être inſtruite de vôtre ſort je ne pouvois mieux faire que de venir ici.

MERCURE.

Pourquoi n'avez-vous pas eu recours à la Sageſſe ? Elle vous auroit tranquiliſée.

EMILIE.

J'aime la Sagesse Seigneur & je la crains. Je n'ai point voulu lui dire que j'aimois, de peur qu'elle ne désaprouva ma paffion.

MERCURE.

Ce qu'elle auroit pû blâmer en vous, ce font les épreuves cruelles que vous avez fait fubir à vôtre amant, vous méritiez de le perdre, il ne faut jamais tenter la vertu

EMILIE.

Bon! ces épreuves n'étoient rien Seigneur. Je fai que les femmes feules font vraiment conftantes, que les hommes font naturellement légers & c'eft cette légéreté que je voulois faire perdre au Chevalier en devenant femme, afin de me l'attacher pour jamais.

MERCURE.

Vous prêtez à vôtre fexe une vertu que le Chevalier eft heureux de vous avoir fait connoître & dont vous allez être récompenfée. Voici la Sageffe qui arrive à propos pour achever fon ouvrage.

SCENE X. & derniere.

MERCURE, LA SAGESSE, EMILIE, LE CHEVALIER
en femme.

LA SAGESSE.

VOus voiez Seigneur Mercure que j'ai déjà exécuté les ordres de Jupiter en rendant à Emilie fon fexe, j'ai penfé qu'il ne trouveroit pas mauvais que j'aïe hâté un peu son changement, elle m'a toûjours été chere par son attachement à suivre mes principes, & elle m'a preffé avec tant d'inftances d'exécuter ce que Jupiter ordonne, qu'il m'a été impoffible de retarder à lui donner cette fatisfaction.

MERCURE.

Vous avez très-bien fait. Les Dieux ne défaprouvent jamais les actions de la Sageffe. Pour reconnoître encore mieux le défir qu'elle a toûjours eu de vous plaire, il faut que vous l'uniffiez au Chevalier lorfqu'il aura repris auffi fa premiere forme.

LA SAGESSE.

Volontiers. Le Chevalier convient fort à Emilie, il n'eft point encore tombé dans l'égarement du Siécle & il continuera d'aimer la vertu en vivant avec elle.

LE CHEVALIER.

Ah Déeffe ! comment pourrai-je vous exprimer toute ma reconnoiffance ! Obtenir ce qu'on aime des mains de la Sageffe, c'eft joüir du bonheur le plus parfait !

LA SAGESSE.

Vous méritez tous deux mes foins, & je travaille à ma gloire en vous uniffant.

EMILIE.

Ne me reprochez plus Chevalier de vous avoir fait languir trop long-tems. Pour être véritablement heureux, il faut être fur qu'un amour réciproque ne finira qu'avec la vie & il ne peut-être durable que lors qu'il eft fondé fur l'eftime que la Sageffe feule peut nous faire mériter.

MERCURE.

Allez & joüissez-en tranquilement. Que les mortels déformais, se laissent conduire par les Dieux sans murmurer. Pour être véritablement heureux il ne faut point former de désirs qui ne soient inspirez par la Sagesse.

F I N.